SEO Backlinks

Der Backlink als Bestandteil der Suchmaschinenoptimierung und Online Marketing für ein besseres Ranking in den Suchmaschinen für dein Internet Business zum Online Geld verdienen

D1720166

Haftungsausschluss

Impressum

SEO Backlinks

Der Backlink als Bestandteil der
Suchmaschinenoptimierung und Online Marketing für ein
besseres Ranking in den Suchmaschinen für dein Internet
Business zum Online Geld verdienen

Inhaltsverzeichnis

Was sind Backlinks überhaupt - und warum ist das so wichtig?

Wenn es um das Ranking einer Webseite oder eines Online Shops in den Suchmaschinen geht, spielen die vorhandenen Backlinks - sogenannte "Rückverweise" - immer noch eine besonders wichtige Rolle. Backlinks sind Links von anderen Webseiten auf deine eigene Seite. Die Verbesserung der organischen Rankings in den Suchmaschinen, des Traffic und des Brandings deiner eigenen Seite mit hochwertigem Linkaufbau wird als die Königsdisziplin im SEO bezeichnet und sollte/darf in ihrer Wichtigkeit nicht unterschätzt werden!

Diese Tätigkeit ist somit Teil der Suchmaschinenoptimierung, des Online Vertriebes, der Unternehmenskommunikation (PR) und des gesamten Marketing Mixes eines Unternehmens/Webseite. Dabei spielt es keine Rolle ob es sich um einen B2B/B2C Online Shop handelt, eine Hersteller Webseite, eine B2B Firmenwebseite als Großhandel oder um einen klassischen Blog/Magazin.

Warum man überhaupt möglichst weit oben in den Suchergebnislisten bei Google und anderen Suchmaschinen auftauchen sollte, ist klar: Menschen, die nach Informationen suchen, besuchen danach praktisch ausschließlich die ersten paar Webseiten, die der Reihe nach in den Suchmaschinen-Ergebnislisten (SERP's) angezeigt werden. Wer mit seiner Webseite weiter hinten in den SERPs angezeigt wird, bekommt kaum mehr Besucher. Ohne Besucher bringt eine Webseite allerdings auch nichts.

Eben genau dafür, dass eine Webseite an den vordersten Plätzen bei den Suchmaschinenergebnissen auftaucht, sorgt vor allem eine gute Backlink-Struktur. Neben der Optimierung der Keywords, des Inhaltes der Webseite sind auch Backlinks etwas, um das man sich als Webseitenbesitzer unbedingt kümmern sollte, wenn man mit seiner Seite wirklich Erfolg haben will.

Ein weiterer Faktor ist, dass eine gut angelegte Backlink-Struktur auch von sich aus für eine durchaus beträchtliche Menge Traffic sorgen kann, sogenannte Verweise von anderen Seiten - auf diese Art und Weise wird man auch ein wenig unabhängiger vom Traffic aus den Suchmaschinen und erhält auch insgesamt mehr Besucher.

Backlinks sind also das Salz in der Suppe, wenn es darum geht, eine Webseite wirklich erfolgreich zu machen. Uralte Backlink-Manipulationsstrategien aus vergangenen Tagen funktionieren heute schon lange nicht mehr - heute geht es vor allem darum, Backlinks sorgfältig, gezielt und mit Umsicht auszuwählen - und das wirklich ernsthaft zu betreiben. Mit irgendwelchen Tricks kommst du heute nicht mehr weit - und die Linkfarmen aus früheren Zeiten gibt es heute kaum mehr.

Alles was du über Backlinks wissen musst und wie du eine gute und tragfähige Backlink-Struktur aufbaust, erfährst du in diesem Taschenbuch. Ich versuche dabei, dir alles so gut wie möglich zu erklären und dir dabei so viel Wissen und Querinformationen zu vermitteln wie nur möglich. Am Ende wirst du ein echter Backlink-Profi sein oder auf einem guten Weg dahin.

Viel Spaß beim Lesen & lernen!

Warum sind Backlinks überhaupt so wichtig?

Ich habe es eingangs schon erwähnt: Backlinks spielen eine enorm wichtige Rolle für das Erreichen der vorderen Plätze in den organischen Suchergebnissen der Suchmaschinen. Warum das so ist, will ich dir nachfolgend etwas näher erklären.

Stell dir vor, du schreibst eine wissenschaftliche Arbeit zu einem bestimmten Thema. In deiner Arbeit wenn es um SEO gehen würde, wirst du immer wieder wichtige und grundlegende Werke von bekannten Autoren wie zum Beispiel von Dr. Thorsten Schneider oder Sebastian Erlhofer zu diesem Thema zitieren. Das ist unvermeidlich und das soll auch so sein - damit erkennt der Leser, dass du dich auf bekannte und etablierte Quellen stützt.

Umgekehrt erkennt man diese wichtigen und grundlegenden Quellen auch daran, dass sie eben besonders häufig von verschiedenen Autoren zu diesem Thema zitiert werden. Das Standardwerk "Individualpsychologie" von Alfred Adler hat wahrscheinlich beinahe jeder gelesen, der eine psychologische Arbeit schreibt - und beinahe jeder wird bei grundlegenden Arbeiten einmal oder mehrmals auf Thesen darin verweisen.

Das lässt erkennen, dass das Werk von Alfred Adler eine hohe Bedeutung hat - man braucht nur zu zählen, in wie vielen psychologischen Arbeiten darauf verwiesen wird. Es hat also ganz offensichtlich eine hohe RELEVANZ.

Genau diesen Ansatz haben sich Suchmaschinen wie Google, Bing, Yahoo und Co. zunutze gemacht, um die Relevanz von Webseiten herauszufinden: wie oft sie von anderen, zu einem bestimmten Thema relevanten Webseiten zitiert werden. Je häufiger von anderen Webseiten im gleichen Themenbereich auf eine bestimmte Webseite verwiesen wird, desto relevanter muss sie sein. Man muss lediglich die Links zählen und kann das schon gut abschätzen.

Genau das sind die Backlinks auf deine Seite: Links von anderen Seiten aus verwandten Themenbereichen, die auf deine Seite verweisen.

Das Prinzip ist logisch, hat sich bewährt und die ganze Sache ist zudem nur äußerst "schwer zu manipulieren" (niemand kann schließlich eine fremde Seite zwingen, auf die eigene Seite zu verlinken).

Ein kleines Beispiel: Wikipedia-Beiträge finden sich zu einzelnen Suchbegriffen fast immer sehr weit oben in den SERP's. Ein Grund dafür ist, dass Wikipedia von Suchmaschinen einerseits automatisch als sehr relevant angesehen wird - andererseits verlinken auch genügend Autoren und andere Webseitenbetreiber immer wieder auf Wikipedia-Artikel oder zitieren daraus.

Damit wird klar, warum Wikipedia-Beiträge so oft ganz weit oben in den SERP's stehen.

So kann zum Beispiel ein klassischer Content-Link mit Alternativtext aussehen:

<a title="hier findest Du schwarze Herrenunterhosen" ref="https://www.beispiel-shop.de/herrenunterhosen">Herrenunterhosen schwarz</a>

oder im Standard so:

<a href="http://google.de">zu Google</a>

weitere Informationen findest du unter anderem auch auf dieser Seite: www.w3schools.com/html/html_links.asp

Link Power

Bei der ganzen Bewertung kommt dann noch ein weiterer Punkt ins Spiel: die Link Power.

Um beim eingangs genannten Beispiel zu bleiben: es macht natürlich einen Unterschied, ob deine wissenschaftliche Arbeit von einem unbekannten Autor zitiert wird - oder von einem anerkannten Standardwerk zum Themenbereich.

Wenn ein namhaftes, wichtiges Buch zu einem Themenbereich DEINE ARBEIT zitiert, muss deine wissenschaftliche Arbeit ebenfalls wichtig und bedeutsam sein. Vor allem, wenn das mehrfach passiert.

Genauso wird das auch von Suchmaschinen im Internet gehandhabt. Wenn mehrere RELEVANTE und WICHTIGE Seiten zu einem Thema auf deine Seite verweisen, hat das natürlich deutlich mehr Gewicht, als wenn unbedeutende Seiten auf deine Webseite verweisen.

Dieses Gewicht wird auch LINK POWER genannt. Angesehene Webseiten, die die Suchmaschine für besonders relevant hält, haben deutlich mehr Link Power als andere, unbedeutende Seiten. Je mehr Link Power deine Backlinks haben, desto wertvoller sind sie auch für deine Seite.

Je mehr und je wertvollere Backlinks deine Seite dann insgesamt hat, desto bedeutsamer erscheint sie - genau wie die wissenschaftliche Arbeit aus unserem Beispiel.

Backlinks in der Suchmaschinenoptimierung?

Bei der Suchmaschinenoptimierung (SEO) geht es im Wesentlichen darum, die Suchmaschine davon zu überzeugen, dass deine Seite HOCH RELEVANT zu einem Themenbereich ist.
Das geschieht auf der einen Seite durch die Auswahl bestimmter für dein Thema passende Keywords auf deiner Webseite (Mein Buch für die Keyword Recherche findest du auf Amazon.de unter der ASIN: B07CL1F97S) - und zum anderen durch sozusagen viele relevante, möglichst wertvolle Links von anderen Seiten also Backlinks. Die relevante Keyword-Gestaltung ist Teil der Webseitenoptimierung und nennt man dabei auch "Onpage-Optimierung", die Gestaltung einer möglichst optimalen Backlink-Struktur welche ebenfalls zur Webseitenoptimierung gehört wird auch "Offpage-Optimierung" genannt.

Backlinks spielen für die SEO eine sehr wichtige Rolle. Die Zahl und Qualität von vorhandenen Backlinks stellen für das organische Suchmaschinen-Ranking (der Bestimmung der Position, an der eine bestimmte Seite in den SERP's angezeigt wird) einen ganz wesentlichen Faktor dar.

Zwar ist natürlich wichtig, dass die Inhalte einer Seite möglichst viel Relevanz zu einem Thema erkennen lassen, Suchmaschinen lassen sich aber vor allem davon leiten, inwieweit andere Seiten - vor allem bedeutende Seiten - das anerkennen.

Man könnte sagen: die Inhalte und die Keywords stecken das Themenfeld einer Webseite exakt ab und lassen erkennen, wie umfassend ein Thema behandelt wird - die Zahl und Qualität der Backlinks geben darüber Auskunft, wie häufig eine Seite von anderen Seiten empfohlen wird (und damit ihre Qualität auch anerkannt wird). Das ist das unbestechlichere Kriterium und wird daher auch höher gewertet.

Technisch fließen Zahl und Qualität der Backlinks einer Seite in einen Wert ein, der "Linkpopularität" genannt wird. Die Links einer Webseite, die hoch relevant ist und häufig empfohlen wird, haben eine hohe Link Power, die Seite hat damit eine hohe Linkpopularität.

Viele eingehende, wertvolle Backlinks erhöhen die Linkpopularität deiner Seite - das wird wiederum als wichtiger Faktor für das Ranking genutzt. Die Linkpopularität deiner Seite kannst du mit verschiedenen Methoden erhöhen - eine gute und wertvolle Backlinkstruktur aufzubauen ist aber der wirksamste und verlässlichste Weg, deiner Seite eine hohe Linkpopularität und damit in der Folge auch ein höheres organisches Ranking in den Suchmaschinen zu verschaffen.

Der Anchor Text oder "Anker Text" ist immer der sichtbare Teil einer klickbaren Verlinkung. Auf einer Webseite ist der Anchor Text meist farblich hervorgehoben und unterstrichen oder sollte dies sein, damit User auf dieser Seite die Links erkennen.

Ein Beispiel: Auf der Seite ist als Link-Text zu lesen: "Hier Schuhe von XY besonders günstig kaufen". Das ist der Anchor Text. Dahinter verbirgt sich dann die (für den Leser unsichtbare) URL des Links, etwa http://xy.com/shop/schuhe-reduziert/.

Wichtig ist zu wissen, dass der Anchor Text von der Suchmaschine immer in die Bewertung von Backlinks mit einbezogen wird. Der Inhalt des Anchor Texts wird von der Suchmaschine dabei nach bestimmten Kriterien ausgewertet.

Für die Suchmaschine ist dabei vor allem bedeutsam, ob Backlinks "natürlich'" generiert wurden oder künstlich geschaffen wurden, um ein höheres Ranking zu erreichen. Dafür werden von der Suchmaschine auch immer die Anchor Texte von Backlinks genau analysiert.

In der Vergangenheit wurde häufig versucht, schnell hohe Mengen von Backlinks zu generieren. Dafür standen verschiedene Methoden zur Verfügung.

Mittlerweile spielt aber hauptsächlich die Qualität von Backlinks tatsächlich eine Rolle - die schiere Anzahl hilft dir für die Suchmaschinenoptimierung nicht mehr wirklich weiter. Die Suchmaschine ist heute in der Lage, qualitativ gute und "ehrlich verdiente" Backlinks fast immer zielsicher von künstlich generierten Backlinks (etwa aus einer automatischen Software) zu unterscheiden. Darüber geben die Anchor Texte oft viel Aufschluss.

Was ist der PageRank?

Der PageRank ist ein früher von Google verwendetes Verfahren, um Webseiten nach ihrer Bedeutung zu gewichten - und damit die Linkpopularität einzelner Seiten festzulegen, die dann in den SERPs nach Linkpopularität sortiert wurden. Der Name leitet sich vom Google-Gründer Larry Page her, der dieses Verfahren entwickelt und patentiert hat.

Das PageRank-Verfahren geht davon aus, dass ein Zufallssurfer mit einer gewissen Wahrscheinlichkeit auf eine Webseite stößt, wenn er sich lediglich auf Verknüpfungen zwischen den Webseiten bewegt. Je relevanter eine Webseite, desto größer die Wahrscheinlichkeit, auf dem Weg über die Links beim Surfen auf diese Seite zu stoßen.

Diese Wahrscheinlichkeit war identisch PageRank. 2010 wurde das Verfahren noch einmal weiterentwickelt, und Links wurden höher gewichtet, wenn sie von einem rationalen Surfer mit höherer Wahrscheinlichkeit geklickt würden.

Seit 2013 wird das Verfahren von Google nicht mehr maßgeblich verwendet (nicht mehr relevant). Stattdessen werden Suchanfragen über den Hummingbird Algorithmus abgewickelt, der als selbstlernende AI (künstliche Intelligenz) in der Lage ist, die Bedeutung einer Suchanfrage fast komplett im Sinnzusammenhang zu verstehen.

Damit spielt der PageRank einer Seite nur noch eine sehr untergeordnete Rolle, die PageRank Bewertung fließt nur noch gelegentlich (wenn überhaupt noch) in den Hummingbird Algorithmus mit ein.

Was ist die Domain Authority und welche Bedeutung spielt sie für das Ranking?

Wie bedeutsam eine Webseite zu einem gewissen Thema ist, darüber gibt die Linkpopularität Auskunft - das habe ich in einem vorigen Absatz bereits erwähnt.

Das Konzept ist zwar überzeugend und gut, aber am Ende dennoch anfällig für Manipulationen. Die Suchmaschinen setzen daher immer öfter die Domain Popularity als Bewertungsfaktor ein.

Dabei werden mehrere Links von ein und derselben Webseite nur mehr als EINE Empfehlung gewertet. Eine Ausnahme davon ist nur die chinesische Suchmaschine "Baidu", die immer noch ausschließlich auf Linkpopularität setzt.

Ein wesentlich besserer und vor allem umfassender Bewertungsfaktor für die tatsächliche Relevanz einer Domain zu einem Thema ist aber ihre Autorität - die Domain Authority.

Suchmaschinen haben vor allem Interesse, dass Nutzern vor allem vertrauenswürdige Seiten von hoher Qualität angeboten werden.

In die Autorität einer Seite fließen allerdings viele Faktoren mit ein. Wie die Suchmaschine diese einzelnen Faktoren gewichtet und welche Faktoren tatsächlich in der Praxis eine Rolle spielen, kann nur vermutet werden, da die Suchmaschinen ihre tatsächlichen Bewertungskriterien nicht veröffentlichen, um Manipulationen vorzubeugen. Einige Faktoren gelten aber als relativ sicher bedeutsam.

Die Domain Authority ist keine allgemein festgelegte Kennzahl, sondern wird von unterschiedlichen Webanalyse-Tools (etwa Moz oder Ryte) auf unterschiedlichem Weg errechnet und gibt die WAHRSCHEINLICHKEIT an, MIT DER GUTE RANKINGS ERZIELT WERDEN KÖNNEN.

Als sicher geltende Faktoren für eine hohe Domain Authority

-hoher Domain Trust (Glaubwürdigkeit der Domain)

-hochwertiger Inhalt

-hochwertige Backlinks

-höheres Domain-Alter

-deutliche Link-Diversifikation

Domain Trust

Der Trust einer Domain (also ihre Glaubwürdigkeit oder Vertrauenswürdigkeit) wird immer dann erhöht, wenn sie viele nützliche und wertvolle Informationen für User ("Mehrwert") enthält, sowie wenn sie keinen Spam und keine Manipulationen für Suchmaschinen enthält.

Der Trust einer Seite kann aber auch von anderen Seiten "ererbt" werden - wenn viele Backlinks aus vertrauenswürdigen Quellen mit hoher Autorität und hohem Trust auf deine Seite verweisen, steigt auch der Domain Trust deiner Seite.

Wichtig ist dabei, dass daneben möglichst keine "wertlosen" Links aus wenig vertrauenswürdigen Quellen oder gar aus Spam-Quellen auf deine Seite verweisen. Das würde die Autorität deiner Domain wiederum deutlich verringern und für die Suchmaschine fragwürdig

erscheinen lassen. Auch sehr viele Links von einer Domain
(oder auch von mehreren Domains, die vom gleichen
Webmaster stammen) würde die Suchmaschine als eher
fragwürdig ansehen - das wäre dann ebenfalls ein Nachteil
für deine Domain Authority.

Domain-Alter

Wenn Domains schon längere Zeit bestehen, der Traffic
kontinuierlich steigt und immer wieder frischer Content
hinzugefügt wird, kann das ebenfalls für eine höhere
Domain Authority sorgen.

Webseiten, die sich über längere Zeit kontinuierlich
entwickeln (Stück für Stück ausbauen) sind in den Augen
der Suchmaschine eher vertrauenswürdig und seriös, als
Websites, die erst seit kurzem existieren oder sich nicht
entwickeln.

Link-Diversifikation

Hier wird es etwas komplizierter: Backlinks sollen aus möglichst vertrauenswürdigen Quellen mit hohem Trust und von Seiten mit hoher Autorität stammen, um deine Domain Authority zu fördern.

Es muss sich dabei aber immer um themenrelevante Seiten handeln, die zu dir verlinken, es dürfen aber auch nicht zu viele Links von ein und derselben Webseite auf deine Seite verweisen. Das könnte die Suchmaschine Manipulation vermuten lassen.

Eine wichtige Rolle spielen hier auch die Anchor Texte: sie sollten erkennen lassen, dass die Backlinks zum Zweck einer weiterführenden Information von gewisser Bedeutung eingesetzt werden, die auch themenrelevant ist.

Links sollten daneben auch über einen gewissen Zeitraum hinweg entstehen. Wenn eine große Menge an Backlinks innerhalb eines sehr kurzen Zeitrahmens gesetzt wird, kann das die Suchmaschine misstrauisch machen und dir könnte die Nutzung unlauterer Methoden unterstellt werden. Das würde deine Domain Authority gründlich verschlechtern und somit deiner Webseite schaden.

Weitere wichtige Faktoren für eine hohe Domain-Autorität

Eine wichtige Rolle spielt sicherlich auch, wie informativ deine Webseite ist. Wenn du Grafiken, Videos oder auch einen Blog einbindest, scheint deine Domain-Autorität in den meisten Fällen deutlich zu steigen (letztlich genau sagen kann das leider niemand, außer Google oder die Suchmaschinenbetreiber selbst).

Mit einem hohen Nutzen für den User (Besucher deiner Seite), einer guten und sinnvollen Gliederung und einer großen Menge relevanter Information machst du aber höchstwahrscheinlich genau das Richtige. Solche Seiten möchte auch die Suchmaschine gerne sehen - dann möglichst auf den vorderen Plätzen.

Social Signals scheinen ebenfalls wichtig zu sein - inwieweit genau und auf welche Weise darüber gibt es allerdings nur Spekulationen. Auch Bewertungen (etwa bei Online-Shops) scheinen einen gewissen Einfluss auf die Domain Authority zu nehmen.

Weiterer Nutzen der Domain Authority

Du kannst die Domain Authority und vor allem Vergleiche des Wertes zu unterschiedlichen Zeitpunkten auch benutzen, um die Stärke eingehender Links abzuschätzen. Das kann dir beim gezielten Linkbuilding oft helfen.

Domain Authority, Page Authority, Root Domains und Total Links

Wenn man sich schon mit der Autorität von Seiten und Domains auseinandersetzt, muss man sich gleichzeitig auch noch mit einigen anderen Begriffen beschäftigen. Was die Page Authority im Gegensatz zur Domain Authority bedeutet, und was du über Root Domains sowie Total Links wissen solltest, möchte ich deshalb einmal kurz erklären.

Page Authority

Die Page Authority ist, gleich wie die Domain Authority, ebenfalls ein lediglich von einigen Tools auf unterschiedliche Weise errechneter Kennwert (insbesondere vom Tool "Moz").

Während sich die Domain Authority auf die gesamte Domain (mit allen ihren Unterseiten) und auf wichtige Rankingfaktoren bezieht, steht bei der Page Authority vor allem die einzelne Seite (Unterseiten) im Blickfeld. Der Score-Wert für die Page Authority liegt zwischen 0 und 100 und bezieht sich vor allem auf folgende Faktoren:

-Themenrelevanz der Seite

-Substanz und Informationstiefe der Seite

-Vertrauenswürdigkeit der Seiteninhalte

-Backlinkanzahl, aber auch Backlink-Qualität

Je höher der ausgewiesene Wert für die Page Authority ist, desto höher ist auch die Wahrscheinlichkeit, dass die Seite in den vorderen Suchergebnissen in den Suchmaschinen zu den Keyword Abfragen der User auftaucht.

Der Page Authority Wert zeigt dir also, wie nahe deine Seite der "optimalen Webseite" kommt, die sich die Suchmaschine wünscht.

Root Domains

Die Bezeichnung Root Domain ist ein Synonym für den Begriff."Top-Level-Domain" (TLD wie .com, .de oder .net). Darunter versteht man das gesamte Domainumfeld inklusive aller Subdomains, die mit der registrierten TLD in Verbindung stehen:

www.example.com (das ist die TLD)

www.example.com/about (das ist eine Unterseite)

www.helpful.example.com (das ist eine Subdomain)

Eine Rolle spielt das sowohl für das Gewinnen von Trust und Domain Authority (die Authority von Subdomains oder Unterseiten wirkt sich immer auf die gesamte Domain aus und umgekehrt) und auch auf die Zahl der Backlinks.

Eine einzelne Subdomain (etwa http://de.example.com) hat meist weniger Backlinks als die gesamte Domain (Hauptdomain) http://example.com dazu sei noch erwähnt, dass in vielen Fällen der Backlinkaufbau für Subdomains auch schwerer fällt. Auch die Domain Authority kann zwischen Subdomain und Root Domain unterschiedlich sein.

Darum solltest du immer darauf achten, auf welchen Domain-Level sich Daten für Backlinks und Domain Authority beziehen. (Root Domain, Subdomain oder lediglich die einzelne URL).

Total Links

Die Zahl der Total Links ist eine Metrik des amerikanischen Tools "MOZ". Gezählt werden dabei tatsächlich ALLE vorhandenen Links. Das umfasst:

-alle eingehenden und ausgehenden Links

-alle internen und externen Links auf der Seite

-alle Dofollow und Nofollow Links, die vorhanden sind (diesen Begriff erkläre ich dann etwas weiter unten)

Die Zahl der Total Links kann also selbst bei einfachen Webseiten schon überraschend hoch sein. Davon solltest du dich nicht beirren lassen - es handelt sich hier NICHT um die Zahl deiner Backlinks allein!

Noch ein paar Worte zum Link Juice

Der Link Juice oder "Linksaft" einer Webseite bezeichnet die Stärke ihrer Verknüpfungen, die von Backlinks erzeugt wird. Eine Rolle spielt dabei neben der Zahl und der Qualität der Backlinks auch noch die Verteilung der Backlinks auf der Seite.

In vielen Fällen ist es so, dass die Hauptader - eine starke Seite - ihren Link Juice an die Unterseiten weiter verteilt. Zu erkennen ist dies auch in den Meta Tags im Quellcode der Seite wie: meta name="robots" content="INDEX,FOLLOW". Die Unterseiten haben häufig kaum oder weniger Backlinks als die Startseite (die Startseite wird in der Regel am häufigsten verlinkt), die ihnen eigenen Link Juice verschaffen.

Aus diesem Grund ist es wichtig, eine Webseite so zu optimieren, dass der Link Juice aus der Hauptader sich möglichst gut auf die Unterseiten verteilt. Dafür sorgt in der Regel eine gute Usability und gut gebaute interne Verlinkung der Seite.

Das kommt der Seite auch dann zugute, wenn ein Bot die Seite crawlt und damit ihre Struktur erkennt. Bots (Suchmaschinenspider wie zum Beispiel der Google Bot) bewegen sich vor allem auf internen Verknüpfungen auf der Seite fort - darum ist eine gute interne Verlinkung so wichtig. (für die Backlinks ist die Sitemap.xml hier ersteinmal aussen vor)

In der Praxis wird man gewöhnlich darauf achten, dass einzelne Unterseiten möglichst wenig vom Link Juice der Hauptseite erhalten (etwa das Impressum, die Seite der Datenschutzerklärung oder die AGBs), und dass andererseits wertvolle Unterseiten mit viel Link Juice diesen möglichst nicht abgeben müssen um mehr Link Juice an die Unterseite weiterleiten zu können.

Das kann man mit verschiedenen Methoden erreichen. Mit Robots.txt (eine Textdatei mit Anweisungen für Bots, die man im Root-Verzeichnis der Seite anlegt) kann man bestimmte Seiten für die Bots der Suchmaschinen sperren.

Das funktioniert allerdings immer nur so lange, wie die Seiten nicht von dritter Seite (also von anderen Webseiten) her verlinkt sind.

Mittels eines HTML Meta-Tags, das im Header der Seite hinterlegt wird, kann man Bots ebenfalls Anweisung geben, die Seite nicht zu indexieren und/oder den Links auf der Seite nicht zu folgen.

Dafür trägst du in den Header der Seite zwischen spitzen Klammern ganz einfach ein:

META NAME="ROBOTS" CONTENT="NOINDEX, NOFOLLOW"

je nachdem, ob die Bots die Seite nicht indexieren und/oder Links auf der Seite folgen oder nicht folgen sollen.

Dabei musst du aber immer genau darauf achten, dass du nicht versehentlich wichtige, gut verlinkte Seiten blockierst. Diese Seiten können ihren wertvollen Link Juice sonst nicht weitergeben.

Was sind Deeplinks und warum sind sie nützlich?

Links kann man einteilen in Surface Links und Deep Links. Während Surface Links nur auf die Oberfläche eines Web-Angebots zielen (etwa: http://www.example.com/start) zielen Deep Links direkt auf eine bestimmte Unterseite oder Kategorieseite in einem Blog, Magazin oder in einem Online Shop (etwa: http://www.example.com/Produkte/Beispielprodukt 1234).

Ziel von Deep Links ist, dass User gleich direkt auf eine bestimmte Unterseite geleitet werden können. Würde man den Link wie im obigen Beispiel nur auf den Startbereich/Startseite setzen (http://www.example.com/start), müsste sich der User durch das gesamte Menü der Webseite klicken um das jeweils gemeinte Produkt oder die Information zu finden. Diese Mühe kann man und sollte man Usern in der Regel ersparen.

Viel wichtiger ist aber die Bedeutung für die SEO: über Deep Links kann Link Juice direkt an eine bestimmte Unterseite geleitet werden. Damit kannst du bestimmte Unterseiten gezielt stärken und somit das organische Ranking der Unterseite in den Suchmaschinen zu deinen bestimmten Suchabfragen (Keywords) der User beeinflussen.

In der Praxis solltest du Deep Links aber vorsichtig einsetzen, beim übermäßigen Gebrauch kann Google das unter Umständen als Manipulationsversuch auffassen und die jeweilige Unterseite entsprechend abstrafen. Solche Penalties (Abstrafung) wirken sich dann über kurz oder lang auch immer auf die gesamte Domain aus. Die Konsequenz davon ist dann unter Umständen organischer Rankingverlust als auch Sichbarkeitsverlust in den organischen Suchergebnissen der Suchmaschinen.

Achte immer darauf, dass die Zahl der Backlinks auf die Hauptseite/Startseite und die Zahl der Deep Links auf bestimmte Unterseiten immer möglichst in einem gesunden Verhältnis zueinander stehen.

Auch auf die entsprechenden Anchor Texte bei den Deep Links solltest du achten. Sie sollten möglichst umfassend formuliert sein und wann immer möglich nicht allein aus einem Keyword mit hohem Suchvolumen (sogenannte "Money Keywords", etwa "Schuhe kaufen") bestehen.

Das gilt umso mehr, wenn diese Backlinks als Deep Links von Seiten mit einer besonders hohen Domain Popularity kommen. Eine solche Backlink-Gestaltung erzeugt dann bei der Suchmaschine häufig Verdacht, dass es sich um einen Manipulationsversuch handelt.

Wenn das lediglich im Ausnahmefall passiert (etwa weil ein bestimmter Beitrag oder eine Marketing-Aktion besonders viel Aufmerksamkeit für eine einzelne Unterseite erzeugen), kannst du aber getrost davon ausgehen, dass Google erkennt, dass es sich hier um eine Ausnahme handelt. Das wird im Normalfall dann keine Probleme für dich zur Folge haben. Im Auge behalten solltest du dies dennoch!

Ein Übermaß an solchen, für die Suchmaschine unnatürlichen Link-Strukturen solltest du allerdings immer vermeiden. Die Zahl der Surface Backlinks muss auch immer von Zahl, Gewicht und Qualität sinnvoll mit den Deep Backlinks vereinbar sein.

Ein kleiner, aber wichtiger Unterschied: verweisende Domains und Backlinks

Ein Backlink ist ein Link auf einer anderen Seite, der auf deine Seite weist - als Surface Backlink oder als Deep Backlink. So viel ist klar.

Als verweisende Domain (Ref Domain, von Referring Domain) gilt die ROOT DOMAIN der anderen Seite.

Du kannst von einer Root Domain durchaus mehrere verschiedene Backlinks erhalten. Zum Beispiel: Die Seite http://www.example.com verlinkt 8 Fachbegriffe, die sie in ihrem Text verwendet, weil du sie auf deiner Seite ausführlich erklärt hast.

Die Ref Domain - nämlich http://www.example.com - bleibt dabei immer die gleiche. Du hast dann 8 Backlinks auf deine Seite, allerdings stammen sie alle von einer einzigen Ref Domain mit hoher Link Power.

In der Praxis ist so etwas eher ungünstig. Auch wenn die Seite www.example.com eine hohe Domain Authority hat und dir eine Menge Domain Trust vererbt - wenn du sonst nur wenige oder gar keine Backlinks hast, sieht diese Linkstruktur für die Suchmaschine unter Umständen sehr "unnatürlich" aus. Das ist für dein Ranking nicht sehr vorteilhaft.

Es geht hier vor allem um Link Diversität - in der Folge solltest du also sehen, dass du möglichst viele Backlinks von jeweils unterschiedlichen Ref Domains bekommst.

Die Domains dürfen übrigens auch nicht den gleichen Webmaster oder Besitzer haben - Google prüft bei Domains auch immer die Registrierungsdaten (Linknetzwerk).

Immer noch glauben heute viele, je mehr Backlinks auf die eigene Seite verweisen, desto besser für das Ranking. Grundsätzlich stimmt das zwar - allerdings mit einigen ganz wesentlichen Einschränkungen.

Heute spielt vor allem die Qualität von Backlinks eine Rolle, weniger die Anzahl. Wirklich hilfreich sind nur Backlinks von QUELLEN MIT HOHEM TRUST und mit hoher Domain Authority. Dazu müssen sie natürlich aussehen und einigermaßen nachvollziehbar sein. Natürlich sollten Backlinks dann auch immer von Seiten aus dem gleichen Themenbereich stammen - alles andere wirkt auf Suchmaschinen sehr verdächtig.

Backlinks von minderer Qualität schaden einer Webseite dagegen eher. Wenn der Verdacht aufkommt, dass Backlinks zu manipulativen Zwecken auf künstliche Weise eingebaut wurden, kann das schwere Folgen haben. Google kann die Webseite entsprechend abstrafen - das bedeutet eine Zurückstufung im Index (unter Umständen sehr weit zurück) oder überhaupt ein Löschen der Seite aus dem Index und somit aus der organischen Suche der Suchmaschine.

Bis sich eine so abgestrafte Seite dann wieder erholt hat, braucht es viel Zeit, Wissen und kostet viel Geld. Nicht zu reden von den Umsätzen, die verloren gehen - eine Seite auf den letzten Rängen bringt praktisch nichts ein.

In der Praxis solltest du also sehr vorsichtig sein und immer auf die Qualität von Backlinks achten. Nur eine Menge von Backlinks aus allen möglichen Quellen zu sammeln, kann eine sehr gefährliche Strategie sein. Beim Ranking hilft dir das überdies überhaupt nicht.

Lieber einige wenige gute Backlinks, die auch eine Menge Trust vererben und dir wertvollen Link Juice bringen. Die Vielzahl schlechter oder minderwertiger Links oder gar Links von Spam-Seiten oder Linkfarmen bringen dir dagegen nur eine Menge Probleme.

So erkennst du hochwertige Backlinks

Bei Backlinks dominiert ganz klar Klasse über Masse. Aber woran erkennt man gute Backlinks nun in der Praxis tatsächlich?

Nun, zunächst einmal solltest du ein Auge auf die Seite selbst werfen. Hier sind fünf Punkte wichtig:

- Ist die Seite überhaupt im Index gelistet?
- Hat die Seite ein gutes Ranking?
- Wie viele Besucher hat die Seite?
- Wie viele davon kommen über Suchmaschinen?
- Wie gut ist die Seite selbst verlinkt?

Diese Dinge lassen sich meist schnell anhand des Rankings der Seite grob abschätzen. Diverse SEO Tools (die Liste mit Profi Tools stehen weiter unten) bieten dir dann die Möglichkeit, die Seite genauer zu analysieren.

Daneben könntest du auch noch überprüfen, ob die Seite selbst ein gutes Backlink-Profil aufweist. Dafür gelten dann die gleichen Regeln, wie ich sie hier beschreibe. Wenn dem so ist, eignet sich die Seite optimal für einen qualitativ hochwertigen Backlink.

Seiten, die nicht im Index gelistet sind, solltest du auf jeden Fall meiden. Der Grund dafür, dass die Suchmaschine Seiten "deindexiert" ist häufig, dass sie Spam-Praktiken oder ähnliche unlautere Dinge verwendet. Wenn dem so ist und du einen Backlink von dieser Seite bekommst, färbt dieser negative Trust am Ende auch auf deine Webseite ab.

Seiten, die hohe Authority, hohe Besucherzahlen und gute Rankings haben, sind für deine Zwecke beim Linkbuilding schon einmal gut. Auch wenn du in den Suchergebnissen Sitelinks findest, ist das ein Zeichen, dass Google diese Seite offensichtlich schätzt und sie als Authority betrachtet. Wenn die Seite daneben noch einzigartige und hochwertige Inhalte bietet, ist sie als Backlinkgeber hervorragend geeignet.

Bei Duplicate Content, schlechtem Design, ein ungepflegtes Erscheinungsbild, zu viel Werbung auf der Seite, nicht aktualisierte Inhalte oder erkennbar manipulativen Optimierungen solltest du dagegen wiederum vorsichtig sein. Wenn die Seite irgendwann abgestraft wird oder dies schon der Fall war/ist, färbt das unter Umständen auch auf deine Seite ab.

Wirf auch einen Blick auf den PageRank der Seite (wenn dies überhaupt der Fall ist) - wenn er überraschend niedrig ist, obwohl die Seite eigentlich recht vielversprechend aussieht, kann das bedeuten, dass es in der Vergangenheit Probleme und Penalties gab. Sei dann einfach vorsichtig und prüfe alles genau.

Der zweite Teil betrifft vor allem Art und Position des Links. Der Backlink sollte möglichst im Fließtext (Content) der Seite auftauchen und nicht im Footer der Seite mit einem möglichst natürlichen und informativen Linktext versehen sein, der thematisch relevant ist so gesetzt werden, "dass Menschen auch tatsächlich darauf klicken wollen" neben nur wenigen anderen ausgehenden Links stehen (dann wird besonders viel Link Juice an deinen Backlink weitergegeben).

Backlinks im Footer oder in einer Sidebar einer Webseite bringen meist wenig, da sie nur von wenig Text umgeben sehr einsam stehen und meist auch kaum geklickt werden. Eine sinnvolle Position direkt im Text, versehen mit einem thematisch passenden und informativen Anchor Text ist das Optimum.

Natürlich sollte der Backlink nicht durch Weiterleitungen, Nofollow-Attribute oder ähnliches entwertet sein (diesen Begriff erkläre ich weiter unten noch genauer).

Nofollow-Links haben zwar immer noch eine gewisse Relevanz, allerdings eine deutlich geringere.

Auf das thematische Umfeld solltest du auch immer achten - unterschiedliche Seitenthemen zwischen deiner und der linkgebenden Seite oder gar unterschiedliche Sprachen können problematisch werden und deinen Backlink weniger relevant machen.

Alle diese Dinge helfen dir, gute und hervorragende Backlink-Möglichkeiten zu erkennen. Natürlich wird nicht immer jede linkgebende Seite alle Kriterien 100%ig erfüllen können - je besser aber, desto besser für dich.

Zwei Dinge, auf die du ebenfalls noch achten solltest: Gute Backlinks werden nicht durch bestimmte Tools gesetzt - und sie entstehen nach und nach. Das Linkalter (das Google ebenfalls überprüft) sollte möglichst unterschiedlich sein. Wenn innerhalb weniger Stunden plötzlich hunderte von Backlinks auftauchen, kannst du davon ausgehen, dass Google und Co. mit Sicherheit misstrauisch werden.

Achte auch auf: Wenn du die potenzielle Linkgebende Webseite in den unten aufgeführten Tools prüfst, achte auch auf den sogenannten Spam Score der Backlink gebenden Seite. Ist der Spam Score bei 0 oder bei 1 ist so zu sagen alles im grünen Bereich. Geht der Spam Score Wert aber um einiges Höher 3-4-5 oder sogar in den roten

Bereich bedeutet das für dich: Finger weg von der potenziellen Backlink gebenden Webseite.

Thematische Relevanz bei Backlinks

Ein wichtiges Thema, auf das ich schon mehrfach hingewiesen habe, ist die thematische Relevanz von Backlinks. Nachfolgend wollen wird das noch einmal genauer erläutern.

Seit den Updates der letzten Jahre spielt insbesondere bei Google die thematische Relevanz von Seiten eine große Rolle. Die Suchmaschine versucht die Inhalte von Seiten bestmöglich zu erkennen und zuzuordnen und mit Hilfe künstlicher Intelligenz (KI) auch den Bedeutungsgehalt von Suchanfragen möglichst zu "verstehen".

(Was ich damit meine als Beispiel findest du unter: https://www.googlewatchblog.de/2017/12/kuenstliche-intelligenz-von-google/ oder du gibst in die Suchmaschine wie folgt ein: "Künstliche Intelligenz: Von Google entwickelte KI schafft noch intelligentere KI")

Das gelingt Google mittlerweile sehr gut - die Suchmaschine kann also dank fortgeschrittener Algorithmen und Weiterentwicklungen tatsächlich den Bedeutungsinhalt von Texten bereits recht gut erfassen.

Das Stichwort lautet dabei "semantische Suche": Ziel ist, dass die Suchmaschine versteht, was der Nutzer möchte und ihm genau das liefert. Ganze Sätze stellen meist schon kaum mehr ein Problem dar, Google erkennt den Bedeutungsgehalt nahezu perfekt.

Das hat natürlich auch Auswirkungen auf Backlinks. Wenn die Suchmaschine verstehen kann, was thematisch relevant ist, und was nicht, kann sie auch erkennen, wie gut eine linkgebende Seite thematisch zu deiner Seite passt.

Wie eng du diese thematische Relevanz auffasst, bleibt dann am Ende immer dir überlassen. Wie die Suchmaschine die thematische Nähe beurteilt, ist dann wiederum eine andere Sache.

Ein Beispiel: Ein Shop über Sporternährung erhält einen Link von einer Seite, die sich mit Baby-Nahrung befasst.

Wie weit hier eine thematische Nähe besteht, ist fraglich. Zwar haben Sportler möglicherweise in einzelnen Situationen ähnliche Ernährungsbedarfe wie Babies, und viele Bodybuilder früherer Jahre waren echte Fans von Babynahrung und verzehrten sie massenhaft um ihre Ernährungspläne zu erfüllen - aber ob das für eine echte thematische Nähe reicht, bleibt dahingestellt.

In technischer Hinsicht, wenn es um den semantischen Raum geht, um thematisch relevante Begriffe und Terme, gibt es zwischen beiden Bereichen wahrscheinlich nur wenig Berührungspunkte. Dieser Bereich - der technische - ist aber der, der für Suchmaschinen überwiegend relevant ist.

Was ist das Schlimmste, das passieren könnte?

Zu viel Kopfzerbrechen bei Zweifelsfällen muss man sich aber auch nicht machen: Das Schlimmste bei so einem Backlink wäre, dass Google ihn als weniger relevant ansehen würde und damit weniger Link Juice von der linkgebenden Seite fließt. Das könnte immerhin aber auch passieren, wenn der Anchor Text nicht optimal ist oder der Link einfach nicht geklickt wird.

Die thematische Relevanz eines Backlinks wird aber in Zukunft noch weiter Bedeutung gewinnen, so dass du dich über kurz oder lang schon mit der Frage auseinandersetzen musst, welche Seiten du tatsächlich noch als themenrelevant ansehen kannst und welche nicht mehr.

Die thematische Relevanz von Anchor Texten

Natürlich sollte sich auch der Anchor Text möglichst thematisch passend in den Content der linkgebenden Seite einfügen. Vermeiden solltest du hier vor allem "harte" Anchor-Texte, die lediglich aus einem einzelnen Keyword oder einer Keyword-Phrase bestehen. (Wechselnde und individuelle Anchor-Texte sind hier ein Mittel welches helfen sollte)

Das hat einmal funktioniert - tut es aber schon lange nicht mehr. Besser ist es, wenn der Anchor Text sich natürlich in den Content einfügt und "weich" den Inhalt der verlinkten Seite erklärt. So kann die Suchmaschine dann auch verifizieren, dass es sich um einen thematisch sinnvollen Link handelt, der Usern einen echten Mehrwert bietet. Spam Inhalte bieten keinen Mehrwert für User.

Den Rest der Bewertung erledigt dann für die Suchmaschine die Auswertung, ob ein Link überhaupt genutzt wird. Wird er es nicht (weil der Linktext für die User beispielsweise nicht interessant genug ist) wertet Google den Backlink automatisch als weniger relevanten Link.

So wie du beim Schreiben der Texte für deine Seite immer möglichst nahe am Thema bleiben solltest, ist es also auch wichtig, bei Backlinks darauf zu achten, dass sie nah an deinem Thema sind.

Ich habe vorhin schon erwähnt, dass die Position eines Links auf der linkgebenden Seite durchaus Bedeutung hat und pauschal Backlinks aus dem Content-Bereich (Fließtext) immer die beste Möglichkeit darstellen, während hingegen Links aus dem Footer-Bereich oft eher ungünstig sind. Auch das will ich noch einmal genauer erläutern.

Google's Kriterium bei Texten als auch bei Links ist, dass sie nützlich für den User sind. Das ist die Nummer 1 Strategie bei Google - den Nutzer so gut wie möglich (und so gut wie niemand anderer) zufrieden zu stellen. Dem User und Nutzer das Bestmöglichen Ergebnis zu seiner Suchanfrage zur Verfügung zu stellen. Gerade in den letzten Jahren unternimmt Google jede Menge Anstrengungen, es dem Nutzer so gut wie möglich recht zu machen - und die Suchmaschine lernt auch aus den Rückmeldungen von Nutzern.

Beispielhaft sei hier im Browser der Zurück Button erwähnt, welchen der User klicken kann, wenn er nicht das Ergebnis auf der aufgerufenen Webseite findet welches der User erhoft hat. Der User klickt auf den Zurück Button in die Suchergebnisse und wenn dies inerhalt sehr weniger Sekunden der Fall ist und dazu auch noch öfter geschieht ist das nicht gut für deine Webseite, daher muss der Inhalt deiner Webseite zur Suchabfrage der User passen!

Das ist eine allgemeine Leitlinie, die praktisch für fast alle Bereiche der SEO gilt: wenn du etwas machst, das für Nutzer tatsächlich relevant und wichtig ist, wird das Google (die Suchmaschinen) in den meisten Fällen lohnen.

Die Suchmaschine kann es sich nicht leisten, dass Nutzer irgendwo anders suchen und Google wegen schlechter oder unzureichender Ergebnisse nicht mehr nutzen. Dann würden alle (auch die Webseitenbetreiber und Google Werbekunden) sehr viel Geld verlieren.

Damit beantwortet sich die Frage von Footer Links versus Content Links beinahe von allein:

Google hat von den Nutzerreaktionen gelernt, dass Footer Links sehr selten geklickt werden - weil sie von den meisten Nutzern schlicht ignoriert werden. Viele scrollen oder blicken nicht einmal so weit nach unten oder nehmen Footer überhaupt bewusst wahr. Da sie für den Nutzer keine erkennbare Relevanz haben, betrachtet sie damit auch die Suchmaschine als nur wenig relevant.

Bei Links aus dem Content Bereich der Seite, also aus dem Fließtext, sieht das deutlich anders aus. Wenn Sie lesen: "...noch mehr Informationen zu diesem Aspekt des Themas bietet Andreas in seinem Blog..." dann wirst du die Verlinkung völlig natürlich finden und - wenn du besonderes Interesse an diesem Themenaspekt hast auch auf den Link klicken. Genauso sieht das auch die Suchmaschine.

Der Link ist thematisch relevant, passt zum Content der Seite und beide Seiten bearbeiten das gleiche Grundthema. Hier gibt es keine Probleme - weil die Verlinkung für den Nutzer einen echten Mehrwert darstellt.

Wenn du dir dagegen einen Footer Link ansiehst, der lediglich mit einem Anchor Text wie "Andreas Blog" verlinkt ist, oder noch schlimmer mit einem Keyword wie "Kreditvergleich" wirst du wahrscheinlich wenig Antrieb verspüren, auf diesen Link zu klicken.

Noch schlimmer ist, dass Suchmaschinen neigen, tendenziell sehr schnell davon auszugehen, dass es sich hier um Manipulation oder Spam handelt. In diesem Fall könnte dann sogar eine Abstrafung drohen, wenn so etwas bei einer Webseite gehäuft vorkommt. Das solltest du auf keinen Fall riskieren.

Wenn du dir nicht sicher bist, ob ein Link an entsprechender Stelle wirklich gut ist und natürlich wirkt, frage dich einfach, ob du denselben Link an dieser Stelle auch setzen würdest, wenn es keine Suchmaschine gäbe. Ist er so wichtig / relevant, dass sich das lohnt? Würde der Link an dieser Stelle Sinn machen oder besser anderswo?

Dieser Ansatz hilft dir immer, wenn du dir beim Linkbuilding einmal nicht sicher bist.

Im Footer Bereich machen Links vor allem auf externe Seiten in den allermeisten Fällen keinen Sinn und häufig sind sie auch schädlich. Wann immer möglich, sollte also direkt aus dem Fließtext einer Webseite verlinkt werden.

Nofollow und Dofollow Links

Im vorangegangenen Teil war schon mehrfach die Rede von Nofollow Links und Dofollow Links. Was die beiden Linkarten kennzeichnet, möchte ich dir einmal ausführlicher erklären.

Bei der Gestaltung eines Links als Nofollow oder Dofollow Link geht es vor allem um die VERERBUNG VON LINK JUICE.

Wenn ein Backlink ein Nofollow-Attribut hat, vererbt er kurz gesagt keinen Link Juice. Für die verlinkte Seite ist das natürlich nachteilig, vor allem wenn der Linkgeber eine für einen Backlink recht gut geeignete Seite wäre.

Dofollow Links sind im Gegenzug alle Links, die das Nofollow-Attribut nicht tragen. Alles was also nicht Nofollow ist, ist automatisch Dofollow.

Welche Relevanz haben Nofollow Links in der Suchmaschinenoptimierung?

Grundsätzlich ist eine gewissen Zahl von Nofollow Links im eigenen Linkportfolio normal und natürlich. Wenn nur Dofollow Links auf deine Seite zeigen würden, wäre das sehr unnatürlich und würde für die Suchmaschine schon verdächtig aussehen.

Für dein Linkbuilding helfen dir Nofollow Links allerdings nichts - die Suchmaschine erkennt die Anweisung "do not follow" und setzt den Link dann auf "nicht relevant", damit wird kein Link Juice über solche Links auf deine Seite vererbt.

Gezählt werden sie - seit Google's massiver Anti-Spam-Politik 2008 - aber dennoch. Wenn drei Links auf deine Seite zeigen, davon ein Nofollow Link, werden alle vier Links bei der Berechnung deiner Linkpopularität mit einbezogen (vor 2008 war das nicht so).

Auf die Sichtbarkeit einer Webseite könnten eventuell dennoch auch Nofollow Links einen zumindest kleinen Einfluss haben, Genaues weiß hier aber niemand.

Wie du erkennst, was ein Link Nofollow ist

Für dich ist es natürlich wichtig, zu erkennen wann Backlinks von anderen Seiten Nofollow und wann sie Dofollow sind. Für dein Linkbuilding ist das von entscheidender Bedeutung.

Das herauszufinden ist allerdings nicht schwierig: Geh einfach auf die Seite auf der der Link steht, und sieh dir den

Quellcode der Seite an. Das kannst du mit einem Klick auf "Seite überprüfen".

Wenn neben dem Link rel="nofollow" gesetzt ist, handelt es sich um einen Nofollow Link. Wenn kein Attribut dort steht, ist es automatisch ein Dofollow Link.

Sicherheitshalber kannst du auch noch einmal in den Header der Seite schauen - dort könnte ein Meta-Tag zu finden sein, mit dem alle Links der Seite automatisch auf "Nofollow" gesetzt sind. In diesem Fall ist dein Link auch dann ein Nofollow Link, selbst wenn er kein rel-Attribut beinhaltet.

Bei eigenen Links, vor allem bei der internen Verlinkung auf deiner Seite, solltest du niemals Nofollow-Attribute nutzen. Für den Bot der deine Seite crawlt würde das bedeuten, den Link zu ignorieren und damit würde die verlinkte Seite keinen Link Juice von der Hauptseite oder einer internen anderen Seite vererbt bekommen. Das kann im Einzelfall sehr nachteilig sein.

Wie du mit Links auf andere Seiten umgehst, bleibt hingegen dir überlassen. Je weniger Links du hast, desto stärker ist die Link Power von einzelnen Links und es wird über sie mehr Link Juice vererbt. Das kann gewünscht sein. Wenn du Links auf Nofollow setzt, wird dagegen kein Link Juice vererbt. Auch das mag manchmal gewünscht sein.

Nofollow ist auch eine wichtige Option, wenn du nicht umhin kannst, eine Seite mit schlechter Domain Authority oder eine Spam Seite zu erwähnen (etwa um die Leser davor zu warnen). Damit das keine Nachteile für dein Ranking hat, solltest du hier auf jeden Fall das Nofollow-Attribut setzen.

Traffic von Dofollow Links

Dofollow Links haben natürlich noch einen weiteren Vorteil: sie bringen dir natürlich auch noch Traffic. Das gilt vor allem, wenn es passend gesetzte Links mit hoher thematischer Relevanz sind - also gute Backlinks.

Den daraus entstehenden Traffic sollte man nicht unterschätzen, er kann durchaus beträchtlich sein. Da es sich dabei auch um gezielten Traffic handelt, ist er in der Regel auch recht wertvoll. In einem gewissen Maß macht dich dieser zusätzliche, ständig einströmende Traffic daneben etwas unabhängiger vom Suchmaschinen-Traffic und kann auch für zusätzliche Gewinne sorgen.

Das bedeutet unter anderem: wenn der User von einer Externen Seite auf den Link zu deiner Seite geklickt hat, handelt es sich nicht mehr um 100% kalten Traffic, sonst hätte der User nicht auf diesen Link gedrückt.

Wenn mich etwas im Content der Seite auf der ich mich gerade befinde nicht neugierig macht oder überzeugt diesen Informationen mit dem Link weiter zu folgen, dann klicke ich auch nicht auf diesen Link. Dabei spielt es am Ende auch keine Rolle um welche Art von Links es sich handelt, klickt der User den Link zu dir auf deine Webseite ist das positiv!

Link Diversity: Warum die Differenzierung des Linkprofils so wichtig ist

Ich habe bereits mehrere Male darauf hingewiesen, dass Google (und auch andere Suchmaschinen) sehr empfindlich bei unnatürlich wirkenden Linkprofilen wirken. Was bedeutet das genau? Und was ist überhaupt ein "natürlich wirkendes Linkprofil"?

Grundsätzlich ist einmal alles, was zu perfekt ist, schon von vornherein verdächtig. Wer keinen einzigen Nofollow Link in seinem Linkprofil hat, oder wer ausschließlich hochwertige Backlinks oder fast nur Deep Links in seinem Linkprofil hat, läuft Gefahr, dass ihm Manipulation unterstellt wird. Das Gleiche gilt, wenn in kürzester Zeit sehr hohe Zahlen von relevanten Backlinks entstehen (Google überprüft auch immer das Linkalter). In diesem Fall geht Google davon aus, dass die Links nicht auf natürlichem Weg - also als reine, thematisch passende Empfehlung einer Seite - entstanden sind.

Alles was so wirkt, ist für dein Ranking grundsätzlich schädlich.

Natürlich entstandene Links erkennt man oft auch gut an den Anchor Texten. In natürlich entstandenen Links lauten die Anchor Texte recht häufig einfach "hier", oder sie enthalten den Namen der Domain oder einen Markennamen als auch die reine URL der Seite. Auch textlich passende Beschreibungen, die sich harmonisch in den Fließtext einfügen, wirken natürlich.

Es gibt also eine ganze Menge möglicher Verdachtsmomente, die dazu führen, dass Google deine Webseite genauer in Augenschein nimmt oder sie vielleicht sogar abstraft - oder zumindest menschliche Quality Rater deine Seite noch einmal prüfen.

Alles, was sich wiederholt, solltest du vermeiden

Es gibt sogenannte "skalierbare Lösungen" - das bedeutet, wenn etwas einmal funktioniert, macht man es immer wieder, und zwar ausschließlich das.

So haben früher (und auch heute teilweise noch) viele Webmaster hunderte von Links in Foren gesetzt, eine wahre Unzahl von wenig lesenswerten und mit Link versehene Artikel in Artikelverzeichnisse eingestellt oder einfach zehn Backlinks von einer einzelnen Domain erworben.

Alle diese Dinge funktionieren nicht - weil "skalierbare" Lösungen immer sofort die Spam-Filter von Google auf den Plan rufen.

Wenn du etwas "immer wieder machst" (z.B. immer wieder denn selben Link Text nutzen) ist die Chance groß, dass es gründlich schief geht. Auf Seite 10 der SERPs verdient man mit seiner Seite nichts mehr, wenn man zurückgestuft wurde - für lange Zeit nicht.

Die Diversifizierung des eigenen Linkprofils

Damit ein Linkprofil möglichst natürlich wirkt, sollte es 'von allem etwas' haben. Einige wenige Links aus Footern sind hier ebenso unproblematisch wie einige wenige Nofollow Links.

Wie viel üblich und "natürlich" ist, erkennst du immer aus dem Vergleich mit deiner direkten Konkurrenz. In einzelnen Nischen habe ich beispielsweise bei einer schnellen Recherche Nofollow Links in einer Häufigkeit von rund 25 % gefunden. Würde deine Seite thematisch in der gleichen Nische liegen, wärst du gut beraten ungefähr eine ähnliche Anzahl anzustreben.

Wenn die Links für deine Seite tatsächlich "natürlich gewachsen" sind, hast du selbstverständlich ein bereits von sich aus völlig natürliches Linkprofil.

In den meisten Fällen, wenn du aktiv Linkbuilding betreibst, um deine Seite nach vorne zu bringen und die Domain Authority deiner Seite zu stärken, wird das aber nicht der Fall sein.

Dann musst du dich danach richten, was bei anderen Seiten, die gut ranken, "so üblich" ist. Linkprofile von den Top-Seiten deiner Nische versuche einfach zu kopieren und so weit wie möglich nachzubilden ist ein anderer (allerdings sehr uninspirierter) Weg.

Das bedeutet natürlich nicht, dass du nicht den einen oder anderen wertvollen Backlink zusätzlich in dein Profil einfügen solltest - Übertreibungen und allzu perfekte Profile solltest du in deinem eigenen Interesse dann aber vermeiden.

Schädliche Links solltest du aus deinem Linkprofil dann immer nach und nach entfernen (auch hier ist es eher nicht ratsam, alle Links auf einen Schlag zu entfernen, denn das wirkt verdächtig). So baust du über längere Zeit hinweg ein wirksames, wertvolles Backlink Profil auf, dass deinem Ranking enorm hilft.

Um Backlinks für die Suchmaschine Google zu entwerten welche du nicht haben willst gib folgendes in die Suchmaschine ein: „Backlinks für ungültig erklären". Du gelangst auf eine Support Seite von Google, wo dir weitere Informationen zum Ablauf wie du vorgehen musst zur Verfügung gestellt werden.

Wie viele Backlinks braucht man um ein gutes Ranking zu bekommen?

Diese Frage hört man relativ oft. Sie führt aber tatsächlich in die Irre. Es geht nicht um die ZAHL der Backlinks als solches, sondern vor allem um die Qualität dieser. Und um ein möglichst natürlich wirkendes Backlink-Profil.

Natürlich sind mehr Backlinks besser - wenn es sich um wertvolle, und nicht um schädliche Backlinks handelt. Einen kleinen Anhaltspunkt dafür, was dein Ziel sein sollte, erhältst du auch, wenn du die Linkprofile deiner direkten Konkurrenten und der Top-Seiten zu deinem Thema analysierst und vergleichst. Das gibt immer einen ungefähren Aufschluss darüber, was für dich notwendig ist, um ganz nach oben zu kommen oder um auf Seite 1 der Suchergebnisse zu gelangen.

Letzten Endes entscheidet die Suchmaschine selbst, wer auf den ersten Plätzen der organischen Suchergebnissen zu finden sein wird. Darüber entscheiden aber ohnehin nicht nur die Backlinks allein, sondern auch die Qualität deiner Seite - Inhalte, inhaltliche Tiefe, Seitenstruktur, Programmierung der Seite und Usability sowie eine möglichst nutzergerechte Präsentation der Inhalte sind Faktoren, die genauso wichtig sind. Auch in diesem Punkt kannst du deine Konkurrenten analysieren - und sehen was du für deine Seite übernehmen und was du auf deiner Seite noch besser machen kannst.

Backlinks aufzubauen ist keine einmalige Arbeit

Wenn es um die Backlinks geht, ist die Strategie nicht, auf einen Schlag eine bestimmte Zahl an Backlinks zu generieren und dann die Hände in den Schoß zu legen. So funktioniert das normalerweise nicht.

Das eigene Linkprofil muss ständig gepflegt werden, vorhandene Backlinks sollten in regelmäßigen Abständen auch geprüft werden. Es kann sein, dass Seiten offline sind, nach einer gewissen Zeit offline gehen, nicht mehr betreut werden oder Backlinks durch eine Veränderung der Inhalte auf der linkgebenden Seite nicht mehr existieren.

Gleichzeitig solltest du dich bemühen, kontinuierlich neue, wertvolle Backlinks aufzubauen und schädliche Links ebenso kontinuierlich immer wieder abzubauen. Das wirkt auch auf die Suchmaschine "natürlich". Dir selbst hilft es, weil du dein Backlink-Profil auf lange Sicht ständig verbesserst und immer mehr Link Juice für deine Seite generierst.

Das ist der beste Weg für ein stabiles, gutes Ranking. Rom wurde auch nicht an einem Tag erbaut. Linkaufbau (Linkbuilding) ist somit ein sehr wichtiger Faktor und als langfristige Tätigkeit und Investition anzusehen. Das gilt für private Blogs ebenso wie für Online Shops und andere Firmenwebseiten jeglicher Art.

Unter Linktausch versteht man, wenn zwei verschiedene Seiten sich gegenseitig verlinken. Das nennt man auch "reziproken Linktausch" - er nutzt beiden Seiten gleichermaßen und sorgt dafür, dass Traffic dazugewonnen werden kann.

Wie bei allen anderen Backlinks sollte natürlich darauf geachtet werden, dass man nur mit Seiten Links tauscht, die themenverwandt sind und tatsächlich auch wertvolle Backlinks geben können.

Allzu sehr übertreiben mit dieser Art von Verlinkung sollte man es allerdings nicht, da die Suchmaschine dann vermuten könnte, dass es sich um einen 'unnatürlichen Linkaufbau' handeln könnte, der nur zum Zweck eines besseren organischen Rankings betrieben wird. Dagegen hat Google etwas - und es kann zu Ranking-Verlusten (Google Penalty, Abstrafungen) führen.

Nicht-reziproker Linktausch

Damit ein Linktausch der Suchmaschine nicht so leicht auffällt, kann man auch einen nicht-reziproken Linktausch vornehmen. Am bekanntesten dabei ist der Dreicks-Linktausch:

Seite A linkt ---- > zu Seite C und Seite C ---- > linkt auf Seite B und Seite B ---- > linkt wieder zu Seite A

Das ist schon ein klein wenig besser als reziproker Linktausch und etwas unauffälliger. Sich hundertprozentig darauf zu verlassen, dass die Suchmaschine so etwas nicht doch unnatürlich findet, sollte man aber im Zweifelsfall trotzdem nicht.

Voraussetzung bei solchen Dreicks-Netzwerken ist aber natürlich immer noch, dass es sich bei allen drei Seiten um wertvolle Backlinkgeber handelt und dass die Links natürlich und sinnvoll gesetzt werden.

Auch hier gilt wieder: Zu viel kann eher schädlich sein. Wenn man solche "Linkbeziehungen" in Maßen einsetzt, kann das am Ende allen Seiten nutzen.

Linktauschnetzwerke und Linktauschprogramme

Mit diesen Dingen begibt man sich als Webseitenbetreiber bereits auf gefährliches Terrain. Google hat in seinen Webmaster-Richtlinien (du findest diese in der Suchmaschine unter: Richtlinien für Webmaster) deutlich klar gemacht, dass jede Art von Linktausch und Linkkauf als unnatürlicher Linkaufbau angesehen wird und mit entsprechenden Maßnahmen zu rechnen ist.

Linktausch-Netzwerke oder Linktausch-Börsen stellen lediglich Plattformen dar, auf denen sich die Seitenbetreiber gegenseitig finden können, um Backlinks auszutauschen. Bei Linktausch-Programmen kann man fast mit Sicherheit davon ausgehen, dass es sich um einen Verstoß gegen die Webmaster-Richtlinien von Google handelt.

Die Suchmaschine ist mittlerweile auch sehr gut darin geworden, unnatürlichen Linkaufbau und gekaufte oder getauschte Links aufzuspüren. Ranking-Verluste, Penalties oder im Extremfall sogar Deindexierungen können die Folge sein, wenn Google entdeckt, dass eine Webseite solche Praktiken nutzt.

Es spricht aber natürlich nichts dagegen, mit einzelnen Webseiten im eigenen Themenbereich eine Verlinkung zu vereinbaren - selbst wenn man diese Webseiten erst über eine Plattform kennenlernt. Es muss nur in Maßen geschehen und die eingesetzten Links müssen eine gewisse Relevanz haben und auch dem Webseitenbesucher einen echten Mehrwert bringen. Das ist die Voraussetzung.

Was ist der Unterschied zwischen White-Hat und Black-Hat Backlink-Building?

Zunächst einmal kannst du dir wahrscheinlich unter den Begriffen "weißer Hut" und "schwarzer Hut" wahrscheinlich nicht so recht etwas vorstellen. Vielleicht kennst du aber die Begriffe "weiße Magie" und "schwarze Magie". Mit den Hüten verhält es sich exakt genauso.

White-Hat-Strategien beim Linkbuilding sind alle, die noch (wenigstens mehr oder weniger) den Vorgaben in den Webmaster-Richtlinien der Suchmaschinen entsprechen und damit "legal" sind.

Black-Hat Strategien sind genau das Gegenteil und die manchmal erwähnten "Gray-Hat-Strategien" bewegen sich haarscharf im Grenzbereich einer möglichen Abstrafung durch die Suchmaschine. In den meisten Fällen wird das irgendwann einmal passieren - denn Suchmaschinen sind ständig auf der Suche nach unnatürlichem Linkaufbau und verbotenen Techniken. Die Richtlinien werden dafür immer enger gefasst, besonders in den letzten Jahren.

Was "legal" und damit White-Hat ist, ist schnell
beschrieben:

- eine tolle Webseite mit hochwertigem Content
aufbauen welche auf Mobilen Endgeräten aufrufbar
ist
- Kontakte zu Nutzern aufzubauen und zu pflegen
- die eigene Webseite in angemessener und
persönlicher Weise bei relevanten Personen zu
bewerben, indem man personalisierte Nachrichten
schreibt

Damit endet die Liste der "erlaubten" Strategien auch
schon. Allerdings solltest du nie unterschätzen, welchen
Effekt solche Strategien - vor allem langfristig - haben
können. Sie bringen Traffic, Trust und eine sehr gute
Reputation mit sich, daneben oft auch eine Menge völlig
natürlicher Backlinks.

Eine typische Black-Hat-Strategie ist beispielsweise das
"Cloaking". In diesem Fall werden Suchmaschinen andere
Texte angezeigt als dem Nutzer. Die Texte, die die
Suchmaschine sehen soll ist typischerweise voll von
Keywords und möglichst exakt auf das abgestimmt, was die
Suchmaschine sehen will. Du kannst davon ausgehen, dass
solche Strategien heute ohnehin nicht mehr funktionieren,
also Fing weg davon.

Eine typische Gray-Hat-Strategie ist das Schreiben von Gastartikeln in fremden Blogs oder auf fremden Seiten, die am Ende einen Link zur eigenen Seite beinhalten. Einige Webmaster haben es damit übertrieben und diese Strategie "skaliert" - so lange, bis Google sich vor kurzem zu Wort meldete und klar machte, dass man das nicht so gerne sieht. Hunderte von Gastartikeln auf allen möglichen Seiten zu publizieren ist nun also kein Weg mehr, um "sauber" an wertvolle Backlinks zu kommen.

Man kann davon ausgehen, dass Google von nun an ein Auge auf Gastartikel haben wird. Wenn du Gastartikel schreibst, sollte diese sehr hochwertig sein und nur für diese eine Seite wo dein Gastbeitrag veröffentlicht wird geschrieben werden.

Auf diese Art und Weise ist aus einer Gray-Hat-Strategie eine Black-Hat-Strategie geworden. Es gilt hier also die alte Backlinks-Weisheit: Zu viel von IRGENDETWAS ist immer schädlich - vor allem auf lange Sicht. Es ist nämlich UNNATÜRLICH - und das erkennen Suchmaschinen über kurz oder lang immer.

Wahrscheinlich fragst du dich gerade, welche Wege es überhaupt gibt, um schnell oder zumindest kurzfristig auf legalem Weg an Backlinks zu kommen. Erstaunlicherweise gibt es sogar eine ganze Reihe von Möglichkeiten dafür.

Die einfachste Möglichkeit bieten schon einmal Google Dienste selbst. Wenn du einen Google myBusiness Account eröffnest, hast du schon einmal einen Backlink aus einer sehr seriösen Quelle. Das Gleiche gilt für Youtube, das ja auch ein Google Dienst ist.

Einfache Wege, an eine "Grundausstattung" von Backlinks zu kommen, bieten auch seriöse Branchenbücher und Telefonbücher. Hier solltest du aber genau darauf achten, dass es wirklich seriöse Branchenbücher sind - einige sind in den letzten Jahren aus SEO-Sicht ganz schön in Verruf gekommen. Daher können diese Webseiten als auch andere deiner Backlinkstruktur unter Umständen auch schaden. Prüfe daher immer vorher die Backlink Quelle mit den unten aufgeführten Tools.

Vielleicht gibt es für dein Geschäft oder deine Branche auch seriöse Verzeichnisse, in die du dich eintragen kannst. Auch das bringt dir Backlinks, bei denen du nicht gegen die Regeln verstößt.

Freunde und Bekannte, die themenverwandte Seiten betreiben sind eine weitere Möglichkeit. Achte aber darauf, dass nur wirklich passende und nützliche Links gesetzt werden. Du kannst dann auch zurückverlinken, solltest aber darauf achten, dass auch dein Link thematisch und inhaltlich passt und einen Mehrwert für den User darstellt.

Kommentare in themenverwandten Foren und Blogs, bei denen du einen ernsthaften und auf den Beitrag bezogenen Kommentar abgeben solltest und dich unbedingt mit deinem richtigen Namen und deiner Email-Adresse anmelden solltest, können dir ebenfalls helfen. Achte aber immer darauf, dass du es damit nicht übertreibst und dass deine Kommentare auch einen Mehrwert für Leser darstellen.

Mache dich interessant!

Wenn du einen Blog hast oder auf deiner Webseite Beiträge veröffentlichst, sorge dafür, dass du einen Beitrag schreibst, der Kontroversen oder Diskussionen auslöst - oder der so viele Inhalt aufweist, dass er von Menschen gerne und häufig geteilt wird. Das funktioniert überraschend häufig - und bringt oft eine Menge "ehrlicher" Backlinks. Betreibst du einen Blog mit Wordpress eignet sich unter anderem auch der Gravatar welchen du unter: https://de.gravatar.com/ findest.

Du kannst auch Journalisten auf deinen Beitrag aufmerksam machen, vor allem dann, wenn es um ein regional bedeutsames Thema geht. Viele Journalisten vergessen dann häufig, die Seite zu verlinken - darauf kannst du sie aber höflich aufmerksam machen. In der Regel tut man das dann gerne.

Gerade besondere oder herausragende - aber auch kontroverse - Beiträge werden oft und häufig geteilt, verlinkt oder diskutiert. Wenn du schaffst, dass du im Gespräch bist, sind zahlreiche Backlinks meist die Folge.

Hake bei Erwähnungen nach!

Gerade Unternehmen werden schnell einmal erwähnt - in öffentlichen Medien, von anderen Unternehmern oder auch auf regionaler Ebene. Suche im Web nach solchen Erwähnungen von dir oder deinem Unternehmen und ersuche die Webmaster höflich, ob sie nicht zu der Erwähnung auch deine Seite verlinken können. Viele tun das ohne größere Umstände. Hier bietet dir Google einen Dienst welcher sich "Google Alerts" nennt.

Sei in Frage-Portalen aktiv

Anderen Nutzern mit dem eigenen Fachwissen behilflich zu sein, wenn sie Probleme oder Fragen haben ist eine schöne Sache. Auch dadurch kannst du nicht nur Traffic gewinnen, sondern auch Backlinks, die meist wertvoll sind.

Sei aber auch hier immer vorsichtig, verlinke nur dann, wenn es wirklich passt oder nützlich für den Fragesteller ist und baue deine Links immer in den Text ein. Natürlich solltest du im Vorfeld darauf achten, dass du nur auf solchen Plattformen aktiv bist, die dir auch wirklich etwas bringen. Alles andere wäre Zeitverschwendung.

Du siehst also, wenn man gleichzeitig den Nutzer und seine Bedürfnisse im Auge hat, kann man durchaus auch auf "ehrliche" Weise sich Backlinks verdienen. Mache dir am besten eine Liste mit Backlink-Quellen und Aktivitäten und setze sie regelmäßig in die Tat um. Arbeite vor allem langfristig an deiner Backlink-Gewinnung, versuche aber konsequent neue Backlinks zu gewinnen.

Dein Wettbewerb wird dies ebenfalls tun. Weitere Backlink Taktiken sind unter anderem noch die Technik „Linkwheel" und die „Linkpyramide" und nicht zu vergessen die Linkbaits. Bei diesen beiden ersten Techniken geht es aber sehr tief in den SEO und Linkbuilding-Bereich hinein.

Dies ist ein Grund warum daher der Bereich der Offpage Optimierung auch als Königsdisziplin im SEO bezeichnet wird.

Der Job eines reinen Linkbauers ohne Agentur im Hintergrund erfordert sehr viel Kreativität und Wissen über diese Materie. Daher ist es nachvollziehbar, dass der Linkaufbau welcher in vielen Fällen von Agenturen übernommen wird so sehr ins Geld geht.

In meinem Buch: „Online Geld verdienen mit: 60 + Website Traffic Quellen" unter der Amazon ASIN: B079ZWC41V auf Amazon.de (gib die ASIN Nummer in die Suchleiste bei Amazon dazu ein oder klicke auf den Autoren Namen) findest du viele Traffic Adern (kostenfrei &kostenpflichtig) welche dir helfen mehr Besucher über die organischen Suchergebnisse der Suchmaschinen für deine Webseite aufzubauen.

Broken Link Building

Eine andere, sehr interessante Backlink-Quelle sind Broken Links von themenverwandten Webseiten. Ein Broken Link ist ein Link, der ins Leere führt, weil es die entsprechende Seite nicht mehr gibt.

Solche Broken Links einer Seite kann man recht einfach mit passenden Tools finden. Zunächst einmal suchst du Seiten, die gut zu einem wichtigen Keyword deiner Seite ranken. Du suchst auf diesen Seiten natürlich vor allem nach Linksammlungen.

Das machst du folgendermaßen

Keyword intitle: "Links"

Du kannst alternativ auch nach intitle "Sites", "Websites" oder "nützliche Links" suchen. Statt intitle kannst du auch inurl probieren.

Am Ende hast du eine ganze Liste mit Seiten, die eine Linksammlung beinhalten und zu deinem Keyword ranken.

Nun brauchst du nur noch mit einem passenden Tool (etwa der Browser Extension "Check My Links" für den Chrome Browser) nach toten Links auf der Seite suchen.

Dann kannst du mit dem Webmaster der jeweiligen Seite Kontakt aufnehmen und ihm anbieten, passenden Content von deiner Seite statt des Broken Links zu verlinken. Es lohnt sich auf jeden Fall, wenn du zuvor ein wenig Arbeit investierst und wirklich guten Content produzierst, der dem Thema des ehemaligen Links entspricht. Das macht es dem angesprochenen Webmaster deutlich leichter, auf so wertvollen Content zu verlinken. Er wird auch häufig froh sein, dass ihn jemand von dem Broken Link auf seiner Seite unterrichtet.

Auf diese Weise kannst du oft auch Backlinks von sehr renommierten Seiten mit hohem Trust bekommen.

Expired Domains

Eine andere Methode, das eigene Linkprofil sehr nachhaltig zu stärken ist, nach thematisch passenden Expired Domains zu suchen, also alten Seiten, die zum Verkauf stehen oder nicht mehr aktiv sind. Vor dem Kauf sollte man sich die Seiten samt ihrem Linkprofil allerdings gut ansehen. Achte darauf ob es natürlich ist und welche Qualität die Backlinks haben.

Wenn du eine solche Seite gefunden hast, kannst du sie einfach mittels 301-Weiterleitung (Moved Permanently) auf deine Domain umleiten. Das kann in vielen Fällen zu einer Erhöhung der Linkpopularität deiner Seite führen und auch dein Backlinkprofil enorm stärken.

Weitere Backlink Strategien wie:

- Artikelproben an Blogger versenden
- Ratgeber (problemlösende Inhalte) & Themenwelten auf der eigenen Webseite erstellen
- Für Bilderbörsen Kostenlose Fotos anbieten
- lokalen Medien & Online Zeitungen
- Spenden für Soziale & Kinder Zwecke
- Redaktionell gepflegte Branchenverzeichnisse
- Redaktionell gepflegte Empfehlungsportale
- Potentielle Bloggerkooperationen in Gruppen auf Facebook kontaktieren
- Weitere nützliche Informations-Quellen (Links zu anderen Webseiten) für User zur Verfügung

Zur Info: Folgende Faktoren haben in den letzten Jahren an Bedeutung im Bereich der Backlinks zugenommen wie:

- Themenrelevanz
- Linkplatzierung
- Ankertext
- Linktitel

- organische Sichtbarkeit der verlinkenden Webseiten

Achte dabei auf einen natürlichen Backlinkmix für deine Webseite, deinen Online Shop oder deinen Blog! Für unterschiedliche Webseiten-Typen ob nun für eine Unternehmenswebseite oder einen Blog braucht jede Seite eine individuelle Backlinkaufbau Strategie.

Noch Tipps am Rande:

Tipp 1: Verlinke auf interessante Inhalte und du wirst von wieder ganz anderen Quellen verlinkt (Linkgeiz ist nicht geil).

Tipp 2: Uni-Backlinks: Jobanzeigen für Praktikanten, Absolventen, Trainees, Werkstudenten, usw. Poste Jobangebote für diese Zielgruppe in Job-Portalen von Universitäten.

Tipp 3: Die Themen Charity und Umweltschutz funktionieren auch heute noch.

Tipp 4: Such nach Vereinen oder Fördervereinen und hilf oder spendet etwas. Ziel ist es die Lokalpresse & ihre online Portale zu erreichen und am besten schreib die Lokalpresse mit zuvor einzigartigen Texten je Portal an. Die Redaktion oder der Redakteur wird es euch sicher danken, wenn Ihr ihm Arbeit abnehmt und da fällt sicher ein Link zu eurer Seite nicht weiter ins Gewicht.

Tipp 5: Stelle einen Einbettungscode deiner einzelnen Seiten auf deiner Seite deinen Usern zur Verfügung. Somit machst du es den Usern leichter deine Seite zu linken, da Sie keine Fehler beim verlinken machen können.

Tipp 6: melde dich bei Google Alerts an (www.google.de/alerts) und gib deine relevanten Keywords zu deiner Seite ein. Sobald du zu den hinterlegten Keywords Emails über die neuen Inhalte bekommst, kannst du prüfen in wie weit das setzten von Backlinks wie Kommentaren oder das Einkaufen von Content mit Backlinks auf diesen Seiten relevant und möglich ist. Die Backlinkquelle kommt so zu sagen automatisiert zu dir.

Tipp 7: nicht alle Backlinks werden von den Suchmaschinen erkannt und es kann unter Umständen mehrere Monate dauern, bis ein Backlink von den Suchmaschinen erkannt wird. Backlinkaufbau bedeutet viel Arbeit, Fleiß und auch Durchhaltevermögen.

Warum du Social Media als Backlink Quelle nutzen solltest

Inwieweit sogenannte Social Signals in das Ranking von Suchmaschinen mit einfließen, wird immer wieder heiß diskutiert. Googles letzter offizieller Kommentar war, dass man "Facebook und Twitter wie jede andere Webseite im Index behandelt". Bing hat hingegen offen gesagt, dass man durchaus in Betracht zieht, wie oft etwas retweeted oder geteilt wurde.

Darum dreht sich die Diskussion: ist bei Google tatsächlich kein besonderer Einfluss von sozialen Signalen vorhanden? Oder zählen sie etwa doch - wenn es schon bei Bing so ist?

Ob mit oder ohne besonderen Einfluss: Backlinks aus den Social Media sind immerhin auch Backlinks. Zwar werden Links auf Inhalte oder Seiten in den Social Media weniger gesetzt, sondern es wird hauptsächlich geliked und geteilt, wie eine Studie von MOZ zeigte, aber fallweise passiert das doch - vor allem dann, wenn ein User auf den Social Media auch zusätzlich bloggt, steigen die Chancen auf einen Backlink.

In Zukunft könnten solche Backlinks dann auch mehr wert werden, wenn Google sich entschließt, soziale Signale dann doch in den Ranking Algorithmus (wenn dies nicht schon geschehen ist) mit einfließen zu lassen. Auf jeden Fall stellen Social Media eine sehr gute Backlink Quelle mit viel Potenzial dar.

Wie du ein gutes Backlinkprofil bei anderen Seiten erkennst

Wenn man mit Expired Domains (gelöscht Domains) arbeiten möchte oder ganz einfach die Backlink-Struktur einer Seite beurteilen möchte (etwa bei den eigenen, direkten Konkurrenten), muss man in der Lage sein, Backlink-Profile zu beurteilen.

Im Wesentlichen gelten dabei die gleichen Kriterien, wie ich sie schon weiter oben für das Einschätzen deiner eigenen Linkstruktur genannt haben:

- möglichst viele gute Backlinks
- gute Diversität des Profils
- möglichst wenige schlechte Links
- keine Links von Spamseiten oder deinexierten Seiten
- nicht zu viele Links von den gleichen Domains

Um die Linkstruktur zu analysieren kannst du auch entsprechende SEO Tools verwenden - etwa dem kostenlosen Backlink-Checker (www.backlink-tool.org oder www.seokicks.de). Daneben gibt es aber auch noch viele weitere. Die Profi Tools dazu sind kostenpflichtig, bieten aber mehr Möglichkeiten, Übersicht und sparen enorm Arbeitszeit. Auch finden die Profi Tools viel mehr Backlinks als die kostenlosen Anbieter.

Mögliche Anbieter um alte, geparkte oder gelöschte URLs zu kaufen um Ihre Backlinks zu nutzen:

-sedo.com

-domainsponsor.com

Einmal abgesehen von technischen Werten und Ranking - manchmal muss man auch auf den ersten Blick schnell beurteilen, ob eine Seite eine einigermaßen gute Backlink Quelle ist.

Hier kannst du dich in der Regel tatsächlich überwiegend häufig auf das äußere Erscheinungsbild der Seite verlassen: wenn die Seite einen gepflegten Eindruck macht und ein hochwertiges, zeitgemäßes Design hat, sieht es schon einmal gut aus.

Wenn auch die Inhalte laufend gepflegt werden und alle Daten auf der Seite aktuell sind, liegst du meist - ganz ohne technische Analyse - schon ziemlich richtig mit dieser Seite als linkgebende Seite.

Worauf du aber immer noch achten solltest ist, ob du Spuren von brachialer oder übertriebener SEO auf der Seite erkennen kannst oder ob sie in irgendeiner Weise "überoptimiert" wirkt. In einem solchen Fall solltest du dann eher die Finger von der Seite lassen.

Vom Kauf von Backlinks wird von vielen Seiten heute abgeraten. Gekaufte Links werden heute von Suchmaschinen sehr zielsicher aufgespürt - die Strafen dafür folgen dann auf dem Fuß und machen alle Rankingbemühungen und den ganzen Zeitaufwand wertlos.

Links zu kaufen ist aber nicht generell ausgeschlossen - wenn du mit sehr viel Umsicht und Bedacht vorgehst, kannst du mit gekauften Links dein Backlink-Profil durchaus stärken. Wichtig ist dabei, mit Anbietern zusammenzuarbeiten, die einen organischen, nachhaltigen und natürlichen Linkaufbau bieten können. Achte dabei zum Beispiel darauf, dass du keine Digitalen Fußabdrücke bei Anbietern hinterlässt.

Mögliche Anbieter wie:

-domainboosting.com/de/

-seedingup.de

-ranksider.de

Wenn du dein Linkaufbau an eine Agentur abgeben möchtest, weil du das interne Personal nicht hast, das Wissen, die Zeit oder zum Beispiel die Tools ist das sinnvoll. Jedoch mit entsprechenden Kosten verbunden.

Die Top 100 SEO-Dienstleister findest du laut dieser Liste unter: ibusiness.de/seo-liste/.

Ich muss offen gestehen, ich selbst habe schon auf den einen oder anderen Anbieter dieser Liste zurückgegriffen als ich eine Firma über das Internet auf und ausgebaut habe. Dazu wurde ein Online Shop mit einem externen Produktkatalog und Shopware5, ein dazu gehöriger Blog und ein Glossar für dieses Unternehmen hochgezogen und benötigt wurden unter anderem auch Backlinks!

Nachfolgend findest du eine Checkliste, welche Dinge bei einer SEO Agentur oder Linkbuilding Agentur mindestens erfüllt sein sollten.

Anforderungen an eine seriös arbeitende Backlinkaufbau Agentur

Zielfestlegung im Vorfeld:

- Die Agentur schätzt die Situation der Webseite ein und berechnet, mit welcher Menge an Backlinks in einem Zeitraum von zum Beispiel 12 Monaten die Seite auf Platz 1 zum Beispiel bei Google zu bringen ist und nennt konkrete Zahlen. (Besser wäre „nur die Seite 1" zu den entsprechenden Keywords. Ist dieses Ziel geschafft, kann es Stück für Stück auf der ersten Seite in den Serps (Suchergebnisseiten) weiter nach oben gehen. Eine Garantie für diese Schätzung/Einschätzung und deren Erfolg kann und wird eine Agentur aber nicht abgeben können.

Dafür sind zu viele Faktoren auch von deiner eigenen Seite und der Onpage Optimierung abhängig und am Ende entscheiden die Suchmaschinen Algorithmen welche Webseite auf Platz 1 in den organischen Suchergebnissen kommt.) Wichtig dabei ist am Ende, dass dir Zahlen genannt werden von der Agentur mit welchen du die Kosten kalkulieren kannst.

- Es wird ein Budget angegeben, das zur Zielerreichung notwendig ist.

- Zur Info: Die Agentur gibt keine GARANTIE für einen Platz in den Serps an der ersten Stelle ab - das kann niemand garantieren und ein solches Angebot ist auf jeden Fall als unseriös zu betrachten.

- Nötiger Content wird von der Agentur erstellt oder von der Agentur beauftragt und ist in den Kosten pro Link enthalten.

- Die Agentur arbeitet mit Profi-Tools (hier kannst du einfach nachfragen, mit welchen Tools gearbeitet wird - professionelle Agenturen sagen dir das gerne, da diese Tools richtig teuer sind)

- Die Agentur erstellt einen Aufbauplan für die Backlinks für den gesamten vereinbarten Zeitraum; es wird dabei auch geplant wo und wie Backlinks Monatlich und über den ganzen Zeitraum gesetzt werden. Achte dabei darauf, dass es monatlich nicht immer 20 Backlinks sind. Die monatliche Anzahl an Backlinks sollte variieren, mal mehr

Backlinks und mal weniger aber im Verlauf stetig steigend oder leicht steigend sein.

- Die Agentur erstellt einen Plan über die prozentuale Verteilung von Brand Keywords, Money Keywords, Compound Keywords und sonstigen

- Es wird ein Plan erstellt, der über Anzahl und Verteilung der Deep Links Aufschluss gibt.

- Die monatlich geleistete Arbeit wird in Reports umfassend dargestellt und es ist jederzeit ersichtlich, wann und wo welche Backlinks gesetzt wurden. (denke aber daran, die Suchmaschinen brauchen auch Zeit die Backlinks zu finden)

Auf jeden Fall solltest du unbedingt darauf achten, dass die Agentur einen organischen, nachhaltigen, langfristigen und kontinuierlichen Aufbau von Backlinks verfolgt und dich auch so berät.

Backlink Kosten können sehr unterschiedlich sein. Je nach Linkquelle und Qualität kann ein Backlink auch mal 1.000Euro - 2.000Euro oder noch mehr kosten. Das ist aber nicht der Standard.

Wie schon erwähnt ist der Backlink-Aufbau eine langfristige Sache. Das ist auch nicht anders, wenn man Agenturen damit beauftragt.

Backlinks müssen gepflegt und immer wieder geprüft werden. Manchmal fallen Backlinks weg, manchmal werden einzelne Seiten vom Netz genommen oder Links gehen durch Content-Umstellungen verloren.

Auch eine Agentur sollte sich laufend um Backlinks kümmern, den Bestand pflegen, prüfen und warten.

Für einen langfristigen Backlink-Aufbau muss eine Agentur genauso regelmäßig und kontinuierlich Zeit aufwenden (Projektzeit) wie jeder Webmaster. Agenturen, die etwas anderes behaupten, solltest du eher meiden. Die "Einmal-Lösung" gibt es nicht, wenn es um Backlinks und Backlinkaufbau geht.
Der langfristige Aufbau ergibt sich schon allein zwingend aus der Tatsache, dass neue Seiten zuerst einmal überhaupt Backlinks brauchen (Minumum aberbei Google angemeldet werden sollten, suche nach: "Webseite bei google anmelden"), damit sie ein organisches Ranking BEKOMMMEN. Erst von diesem Punkt aus kann man dann weiterarbeiten. Es geht also immer nur langfristig - ob mit Agentur oder ohne.

Wie bei allen SEO Aufgaben wird die Verwaltung der eigenen Backlink-Struktur und das Überprüfen des Linkprofils von anderen Seiten durch Tools deutlich erleichtert.

Den kostenlosen Backlink-Checker habe ich weiter oben schon erwähnt. Bedeutende Profitools gibt es unter anderem von:

-Ahrefs

-Majestic

-Semrush,

-MOZ

-Linkresearchtools

-Searchmetrics und zum Beispiel

- Xovi

Kostenfreie Backlink-Checker Tools was sich jedoch jederzeit ändern kann:

-https://moz.com/researchtools/ose/

-https://de.majestic.com/reports/site-explorer

-http://www.backlink-tool.org/backlink-checker/

-https://www.seo-united.de/backlink-checker/

-http://www.backlinktest.com/

-https://www.seoprofiler.de/ mit gratis Account

Browser Plugin welche du über die Suchmaschine oder im Chrome Web Store findest:

-MozBar

-SEOquake

-Majestic Backlink Analyzer

-Keywords Everywhere - Keyword Tool

Vorallem bei diesen oben genannten Tools handelt es sich um Profi Tools! Achte unter anderem auch darauf, dass du eine Rank Tracking Software oder zumindest eine kostenlose Version/online Tool von einem Ranking-tracker Tool nutzt um deine organischen Rankings in den Suchmaschinen zu überprüfen.

Die Agentur welche du für den Backlinkaufbau beauftragst, soll dir von Beginn an per Screenshot den Ranking Nachweis zu deinen Keywords in den Serps erbringen. So hast du etwas Kontrolle und den Nachweis dafür, dass die Tätigkeiten zum Thema Backlinkaufbau auch greifen und dein Geld nicht zum Fenster rausgeworfen ist.

Sich einen Überblick über die Backlink-Strukturen seiner
direkten Konkurrenten zu verschaffen, hat noch keinem
geschadet. Du kannst daraus so einiges erkennen:

- Wie stark die Backlink-Strukturen deiner
  Konkurrenten überhaupt sind
- Welche Menge an Backlinks deine überlegenen
  Konkurrenten nach vorne bringt
- Von welchen Seiten die meisten wertvollen
  Backlinks stammen
- welches Verhältnis von Deep Links und von
  Nofollow Links deine Konkurrenten in ihren Profilen
  im Durchschnitt haben

Du kannst dir auch zum Ziel setzen, das Linkprofil deines
besten Konkurrenten über einen gewissen längeren
Zeitraum nachzubauen oder zu übertreffen. Zumindest
siehst du anhand vom Profil deiner Konkurrenten, wo
wertvolle Backlinks zu gewinnen sind.

Der Vollständigkeit halber sollte man noch erwähnen, dass Backlinks nicht immer zwangsläufig Textlinks sein müssen. Auch Bildlinks kommen infrage - in diesem Fall ist der Anchor Text dann einfach ein Bild oder eine Grafik.

Auch Bildlinks können entweder Dofollow oder Nofollow Links sein.

Daneben gibt es auch noch Bannerlinks und Social Bookmark Links.

Kurz gesagt: Alles was sich auf irgendeine Weise verlinken lässt, kann auch für einen Backlink genutzt werden.

Zusammenfassung:

- Frames Links
- Images Links
- Textlinks als Backlinks
- Redirects (ist die Weiterleitung der URL einer Webseite auf eine neue Webadresse)

Was ist ein Backlink Mix und warum ist dieser so wichtig?

Ein Backlink Mix ist einfach ein Linkprofil mit ausreichender Diversität. Das sieht oft sehr chaotisch aus, mit allen möglichen Linktypen, guten und schlechten Links,

Dofollows und Nofollows - aber genau das macht den guten Mix eben aus. Wie oben erwähnt - von allem etwas und das ungefähr im gleichen Verhältnis wie die Top Seiten. Das ist das Rezept für einen guten Mix.

Warum automatische Tools zum Backlink setzten gefährlich sind

Der Grund liegt eigentlich auf der Hand: Google prüft immer nach, ob sich Verlinkungen natürlich im Text einfügen, welcher Anchor Text verwendet wird und generell wo Links gesetzt werden als auch zum Beispiel das Link Alter.

Was automatische Tools können, ist die Seite in eine Vielzahl von anrüchigen Verzeichnissen und Listen einzutragen - für sehr geringe Preise erhält man dann gleich tausende Backlinks auf einen Schlag.

Es war ganz am Anfang Googles leichteste Übung, herauszufinden, wo solche Spam-Verzeichnisse liegen. Mittlerweile kennt die Suchmaschine sie so zusagen alle, und wer darin auftaucht, hat ganz offensichtlich bewiesen, dass er bereit ist, Links zu kaufen - also gegen die Webmaster-Richtlinien zu verstoßen. Google kann in diesem Fall gleich nach Liste abstrafen - meist geht das dann auch ziemlich schnell.

Unnatürlicher kann ein Linkprofil nicht mehr sein, als bei mehreren hundert oder tausend Backlinks innerhalb weniger Tage und aus bekannten Spam-Verzeichnissen. Solche Links sind völlig wertlos. Im besten Fall kommt man vielleicht sogar ohne Strafe weg (was eher sehr unwahrscheinlich ist) im schlimmsten Fall könnte die eigene Seite wegen der zahlreichen Spamverbindungen eventuell sogar deindexiert werden.

Mit automatischen Backlink-Setzern sollte man sich also gar nicht erst abgeben.

Zum Verständnis: wenn du über ein automatisches Tool an einem bestimmten Tag 300 Backlinks aufbaust und das in wenigen Minuten hintereinander, ist es doch logisch, dass dies kein Mensch von Hand gemacht haben kann oder?

Was sind .edu und .gov Domains und Backlinks und warum werden sie für so wertvoll gehalten?

Bei .gov Domains handelt es sich um für die amerikanische Regierung genutzten Domains, .edu Domains stehen nur Universitäten zu (.gov & .edu stehen für „Government" bzw. „Education"). Da diese beiden Domains in aller Regel nur auf gleiche Domains verlinken, entsteht so etwas wie "Domain Inzest" - und natürlich jede Menge Backlinks und damit Linkpower.

Der kleine Haken an der Sache ist, dass diese Domains sicherlich nicht in Massen auf andere, außenstehende Domains verlinken was diese Backlinks wiederum wertvoll machen.

Auf der Webseite: http://dropmylink.com/ welche eine Suchmaschine für die oben genanten Domains ist, lässt sich schneller ein Ergebnis finden.

Mit diesem Code für die Suchmaschine Google.de und Google.com kannst du die Suche nach den .gov Domains ebenfalls durchführen:

Mein Keyword site:.gov inurl:blog "post a comment" -"you must be logged in"

Schreibe dein Keyword als erstes in die Suchmaske der Suchmaschine, dann ein Leerzeichen und dann den Code ab "Site" dazu einfügen.

Bei Seiten, die schon länger im Netz sind, steigt der Trust automatisch. Projekte, die sich laufend entwickeln, mehr Traffic und laufend mehr Content bekommen, wirken auf die Suchmaschine seriöser. Aus diesem Grund sammeln sie unter anderem mehr Trust an.

Wenn solche Seiten auf eine jüngere Seite verlinken, stellt das eine eindeutige Empfehlung dar, ein Teil des Trusts der linkgebenden Seite wird dann auch auf die jüngere Seite mit übertragen.

Als letztes: Die zehn goldenen Regeln für den Backlinkaufbau:

1. Setze niemals abrupt viele Backlinks auf einmal und beende das Setzen von hohen Mengen an Backlinks auch nicht abrupt - beides ist sehr auffällig und wird von Suchmaschinen höchstwahrscheinlich entdeckt.

2. Achte immer auf die Natürlichkeit deiner Backlinkstruktur und eine hohe Backlink Diversität in deinem Profil

3. Prüfe linkgebende Seiten immer genau und vermeiden unter allen Umständen deindexierte Seiten , nicht aktuell gehaltene (gepflegte) Seiten, und Spam-Seiten als Linkgeber

4. Entferne "schlechte" und wertlose Backlinks nach und nach aus deinem Profil

5. Achte darauf, kontinuierlich neue, wertvolle Backlinks aufzubauen

6. Pflege deine Backlink Struktur regelmäßig und sorgfältig, gehe dabei aber nicht zu streng vor, damit kein unnatürliches Profil entsteht

7. Prüfe bei jedem neuen Backlink die Position und das textliche Umfeld sowie den Anchor Text (Linktext, Verweistext) deines Backlinks

8. Links nur von und zu themenrelevanten Seiten!

9. Achte auf den Anteil von Nofollow Dofollow Links und Deep Links in deinem Profil und stimme den Prozentsatz ungefähr auf den durchschnittlichen Prozentsatz bei direkt konkurrierenden Seiten ab

10. Merke: QUALITÄT GEHT HIER IMMER VOR QUANTITÄT

Schlusswort

Damit sind wir am Ende des Taschenbuches angelangt.

Du hast bei der Lektüre gelernt, was Backlinks sind, warum sie als Teil der Suchmaschinenoptimierung so wichtig und für das Ranking in den organischen Suchergebnissen der Suchmaschinen so unverzichtbar sind. Im Bereich der internen Verlinkung deiner Webseite oder deines Shops ist diese Interne Verlinkung und der Link (Content-Link) den du dazu erstellst nichts als ein Backlink.

Du weißt, was ausgeglichene und natürliche Linkprofile sind, wie sie aussehen sollen und was passiert, wenn die Suchmaschine ein unnatürlich wirkendes Linkprofil , unzulässigen Linktausch oder Linkkauf erkennt.

Du weißt, worauf beim Backlink-Aufbau geachtet werden muss, warum man sich damit Zeit lassen sollte, und wie man auch mit zulässigen Methoden an wertvolle Backlinks kommen kann.

Damit kannst du den Linkaufbau für deine Webseite, deinen Online Shop, deiner Firmenwebseite in die Tat umsetzen - du weißt nun alles, was du wissen musst. Zögere nicht und setze konsequent in die Tat um, was du gelernt hast. Dein organisches Ranking wird sich verbessern, deine Seite erfolgreicher werden und dein Traffic wird Stück für Stück zunehmen, wenn sich dein Backlink-Profil entwickelt. Frisch ans Werk!

Die Nachhaltigkeit für den Erfolgreichen Aufbau und Ausbau von Firmen/Webseiten über das Medium Internet beginnt im Kopf und geht weiter zur Keyword Recherche (Amazon ASIN: B07CL1F97S).

Die Backlinks für deine Webseite sind nur ein Teil des Großen Ganzen. Verschaff dir einen Wettbewerbsvorteil und mache oder lasse dir zu deinem Thema und deinen Produkten und oder Dienstleitungen eine Keyword Recherche erstellen damit dir bekannt ist wie groß dein online Markt ist. Wenn du diese nicht selber durchführen kannst, dann lass dir helfen.

Du musst nicht alles selber können: nur wissen was du brauchst, nach was du suchen musst und wo es steht, wo du Hilfe bekommen kannst für dein Problem.

Eine einfache Email (anfrage@the-traffic-guide.de) reicht manchmal aus um Kontakt aufzubauen oder um sich nach der Kontaktaufnahme intensiv beraten zu lassen was man wie alles online machen kann.

Jede Firma/Webseite ob B2B oder B2C oder ein Blog ist individuell und benötigt daher individuelle unternehmensspezifische Lösungen für Ihre Probleme! Für Anregungen, Feedback oder Kommentare und natürlich auch positive 5 Sterne Bewertungen zu meinem Büchlein bin ich selbstverständlich wie immer sehr dankbar.

Printed in Poland
by Amazon Fulfillment
Poland Sp. z o.o., Wrocław